離騷草木疏

[宋] 吴仁杰 撰

拾瑶叢書

文物出版社

圖書在版編目（CIP）數據

離騷草木疏 / (宋) 吴仁杰撰. -- 北京 : 文物出版社, 2020.1

（拾瑶叢書 / 鄧占平主編）

ISBN 978-7-5010-6358-1

Ⅰ. ①離… Ⅱ. ①吴… Ⅲ. ①楚辭研究 Ⅳ. ①I207.223

中國版本圖書館CIP數據核字(2019)第238880號

離騷草木疏 〔宋〕吴仁杰 撰

主　　編：鄧占平
策　　劃：尚論聰　楊麗麗
責任編輯：李縉雲　李子裔
責任印製：張道奇

出版發行：文物出版社有限公司
社　　址：北京市東直門内北小街2號樓
郵　　編：100007
網　　址：http://www.wenwu.com
郵　　箱：web@wenwu.com
經　　銷：新華書店
印　　刷：藝堂印刷（天津）有限公司
開　　本：710mm × 1000mm　1/16
印　　張：9.75
版　　次：2020年1月第1版
印　　次：2020年1月第1次印刷
書　　號：ISBN 978-7-5010-6358-1
定　　價：70.00圓

前言

《離騷草木疏》是爲《離騷》中描寫的草木作注釋。全書對五十五種草木進行了考辨與釋義，可謂是一部植物寶典。《四庫全書總目提要》稱此書『徵引宏富，考辨典核，實能補王逸訓詁所未及』。然而，此書不僅僅是一部資料詳實的植物學專著，如《離騷》將人帶入香草美人的浪漫之境一般，《離騷草木疏》也會將我們帶入一個分善惡、辨忠奸的獨特的草木世界。

此書作者吴仁杰，字斗南。昆山（今江蘇省昆山縣）人。淳熙五年（一一七八）進士。歷任羅田縣令、國子學録等職。著有《古周易》十二卷、《易圖説》三卷、《兩漢刊誤補遺》十卷等。以詩文鳴於一時，嘗講學朱子門下。仁杰『少喜讀《離騷》文，今老矣，猶時時手之，不但覽其昌辭，正以其竭忠盡節，凛然有國士之風。每正冠斂衽，如見其人，凡芳草嘉木，一經品題者，謂皆可敬也』。他將《離騷》中五十五種草木分編爲四卷，每介紹一種植物，先引《離騷》原文，次引王逸《楚辭章句》、洪興祖《楚辭補注》等各家之言，再輔以『仁杰按』

對所述植物進行考釋辨析，援引《山海經》，陶隱居、陳藏器注《神農本草》，郭璞注《爾雅》，《抱朴子》，《蜀本圖經》，《嘉祐圖經》及唐宋名人筆記等，資料詳實，言之有據。對植物的分類、形態、特性的描述細緻詳盡，體現出專業性和嚴謹性。

卷末跋文署『慶元歲丁巳四月三日通直郎行國子録河南吴仁杰書』，可見此書成書於宋『慶元丁巳』，其時朝野黨人相互傾軋，在『慶元黨禁』事件中，吴仁杰『官止國録，未敢誦言。乃祖述《離騷》，譬之草木，按《神農本草》諸書，爲之别流品，辨异同』。正文在對植物自然形態進行考釋之後，都會根據草木的習性賦予其不同的性格特徵，『以薌草嘉木，比於忠義獨行之士；蕕草惡木，比於奸邪佞倖之臣』。可見，作者注《離騷》以寄意，借書中草木形象抨擊時政，抒發己見。

本書分列四卷的草木從自然屬性看是將草本類、木本類分開，根據植物的葉形花色將形態相近的相對集中。實則爲前三卷專疏芳草嘉木，第四卷『蕕草附録』專疏諂媚惡草。前三卷卷端下署『通直郎行國子録河南吴仁杰撰』銜名，第四卷卷端下則未署名。鮑廷博在跋文中推測其蘊含不與小人爲伍之深意。根據草木的習性賦予了草木不同的性格特徵，構建了一個能分善惡、忠奸有別的『草木世界』。這在植物注解領域可謂獨樹一幟，與《離騷》中香草美人的比興之意及含蓄而又深刻的奇幻意境相得益彰。

此書不僅對《楚辭》學研究有重要意義，其嚴謹的考證和訓釋對名物學研究也極具參考價值，故歷來爲學人所重。存世《離騷草木疏》諸本中，以南宋慶元六年（一二〇〇）刻本爲最早，歷代皆有覆刻、影抄。此部『知不足齋叢書』本最爲精善且流傳最廣。此本每半頁九行，行二十一字，左右雙邊，上下黑口，下黑口處鎸『知不足齋叢書』六字。卷端題『離騷草木疏卷第一，宋本校雕』。卷末吴仁杰跋文後見『乾隆庚子季秋歙西長塘鮑氏知不足齋校正重雕』一行，又有鮑廷博識語，稱『刻斗南先生《兩漢刊誤補遺》既竣，姚江邵太史晋涵以宋雕《離騷草木疏》相示，復爲校而刊之』云云。鮑廷博，字以文，號渌飲，清乾嘉時期著名藏書家，取《大戴禮記》『學然後知不足』之意，名其藏書齋爲『知不足齋』。鮑氏勤於搜求古籍，且精於校讎，廣爲刊布。刻印『知不足齋叢書』三十集，收録珍善本二百零七種。因致力於搜集善本孤本，且校勘精審，『知不足齋叢書』素以精善著稱，許多珍本秘笈賴以傳世。

《離騷草木疏》南宋慶元初刻本傳世極罕，清代乾隆時期編纂的《四庫全書》收録此書，所據底本僅是安徽巡撫采進的影宋抄本。而此部『知不足齋叢書』本是以宋刻爲底本，且經鮑氏審校，素以精善著稱，後世有諸多版本覆刻或影抄此本。

離騷草木疏

離騷草木疏目錄

第三卷

蓍　萇

蔬　艾

茅　蕭

葛　蔦

薺　檓

堇

離騷草木疏卷第一　宋本校雕

通直郎行　國子錄河南吳仁傑撰

蓀荃

荃不察余之中情兮王逸注荃香草以諭君也惡數指斥尊者人君被服芬香故以香草爲諭洪慶善曰荃與蓀同莊子得魚忘荃崔音孫云香草可以餌魚疏曰蓀荃也九歌蓀橈蓀壁皆一作荃蓀不察余之中情蓀何爲兮愁苦數惟蓀之多怒蓀獨宜兮爲民正蓀詳聾而不聞願蓀美之可全皆以諭君也況存中云香草之類

大率多異名所謂蘭蓀蓀即今昌蒲是也東坡先生石昌蒲贊引本草注云生下濕地大根者乃是昌陽不可服韓退之云訾醫師以昌陽引年欲進其豨苓也不知退之即以昌陽爲昌蒲耶抑謂其似是而非不可以引年也仁傑按本草昌蒲久服輕身不忘延年不老一名昌陽謂石上昌蒲紫花者漢武帝內傳云九疑仙人聞中岳有石上昌蒲食之長生故來採之抱朴子云韓衆服昌蒲十三年身上生毛日視書萬言皆誦之冬袒不寒昌蒲須得石上一寸九節紫花尤善故李衛公平泉

草木記有芳蓀詩自注云茅山谿中謂之谿蓀其花紫色又寄茅山孫鍊師詩云石上谿蓀發紫茸陶隱居乃云東間谿側有名谿蓀者根形氣色極似石上昌蒲而葉正如蒲無脊俗人誤呼此爲石昌蒲詩詠多云蘭蓀正謂此也又云生下濕地大根者名昌陽陳藏器云水昌蒲名昌陽一名白昌卽今之谿蓀也根色正白陶以昌蒲昌陽谿蓀爲三物陳別出昌蒲而以昌陽谿蓀爲一物皆誤也圖經云昌蒲葉長一二尺中心有脊狀如劒無花實此與抱朴子李衛公所云不同蓋石上昌蒲

無劒脊而有紫花者爲昌陽昌黎蓋曰引年當用谿蓀若進豨苓則繆矣本草別說云今陽羨山中生水石間者其根須略無少泥土極緊細一寸不啻九節二浙人家以瓦石器種之旦莫易水則茂近方多用石昌蒲必此類也其池澤所生肥大節疎恐不可入藥唯可作果盤蓋氣味不烈耳雷公云勿用泥昌夏昌二件根如竹根鞭氣穢味腥又陳藏器云水昌生水畔與石上昌蒲都別根大而臭則知昌蒲種類甚多生下濕地者曰泥昌夏昌生谿水中者曰水昌生石上者爲石昌蒲而石

生者又自有三種圖經所載生蜀地葉作劍脊而無花一也別說所載生陽羨山中不作劍脊有花而黃二也衛公所載生茅山谿石上亦不作劍脊而花紫三也抱朴子以紫花爲尤善即所謂昌陽谿蓀者也如谿蓀自是石昌蒲一類中尤穎耳藥有君臣佐使而此爲君離騷又以爲君諭良有以也諸家以此種葉不作劍脊遂謂非眞其實不在此如泥昌雖復葉作劍脊亦安所用耶大抵昌蒲生谿石上自然根硬節密暴乾堅實而辛香與泥昌水昌不可同日而語也昌陽名謂彼烏足以

當之越繇王閩侯遺江都王荃葛服虔曰荃音蓀細葛也臣瓚曰荃香草也顏師古謂荃本作絟音千全切又千劣切今筩布之屬服瓚二說皆非此誤以絟為荃耳

芙蓉

製芰荷以為衣兮集芙蓉以為裳王逸注芙蓉蓮華也言己進不見納裁芰荷合芙蓉為衣裳被服愈潔脩善益明爾雅荷芙蕖其莖茄其葉蕸其本蔤其華菡萏其實蓮其根藕其中的的中薏郭璞云芙蕖別名芙蓉江東呼荷莖下白蒻在泥中者為蔤房為蓮邢昺云今江

東人呼荷華爲芙蓉北方人便以藕爲荷亦以蓮爲荷蜀人以藕爲茄或用其母爲華名或用根子爲母葉號此皆名相錯俗傳誤也陸璣云蓮青皮裏白子爲的的中有青爲薏味甚苦本草藕實一名水芝丹一名蓮圖經云葉名荷圓徑尺餘其華未發爲菡萏已發爲芙蓉其根藕幽州人謂之光旁惟苦薏不可食葉中蔕謂之荷鼻其的至秋來皮黑而沈水者爲石蓮惟鹽鹵能浮之仁傑按蘇鶚演義云芙蓉花之最秀異者一名水白又名水華色有紅白青黃大者至百葉濂谿先生云陶

淵明愛菊世人愛牡丹予獨愛蓮之出淤泥而不染濯清漣而不妖中通外直不蔓不枝香遠益清亭亭淨植可遠觀而不可褻翫焉菊花之隱逸者也牡丹花之富貴者也蓮花之君子者也

菊

夕餐秋菊之落英又春蘭兮秋菊王逸注英華也言己食菊之落英以香淨自潤澤也五臣云取其香潔以合己之德洪慶善引魏文帝云芳菊含乾坤之純和體芬芳之淑氣故屈原悲冉冉之將老思餐秋菊之落英輔

體延年莫斯之貴仁傑按山海經女几之山其草多菊爾雅蘜一名治蘠郭云今之秋華菊本草云菊一名日精一名女節一名女華一名女莖一名更生一名周盈一名傅延年一名陰成陶隱居云菊有兩種一種莖紫氣香而味甘葉可作羹食一種青莖而大作蒿艾氣味苦不堪食者名苦薏圖經云南陽亦有兩種白菊葉大似艾莖青根細花白蕊黃其黃菊葉似茼蒿花蕊都黃然今服餌家多用白者南京又有一種開小花花瓣下如小珠子謂之珠子菊入藥亦佳正月採根三月採葉

五月採莖九月採花十一月採實穎川人呼白菊爲回蜂菊汝南名茶苦蒿上黨及建安順政郡並名羊歡河內名地薇蒿齊詩話載東坡跋王荆公詩云秋英不比春英落而荆公自謂取離騷經落英之意按落英固有意義然以爲飄零滿地金則過矣東坡詩又有謾遶東籬嗅落英之句亦用騷經語考落之義非隕落之落爾雅釋詁文俶落權輿始也郭璞引訪予落止爲證蓋成王訪羣臣於廟中謀始即政之事邢昺乃云落者木葉隕墜之始失其義矣西谿叢語引宋書符瑞志沈約云

英葉也類篇云英草榮而無實者此言食秋菊之葉耳其說恐亦未然爾雅華荂榮也榮而不實者謂之英月令仲夏木堇榮謂於此時著花也菊葉固可食然按本草採葉在三月今云秋菊則非食葉之時矣著花在八九月落英云者謂始華之時故沈存中云採藥用花者取花初敷時採菊性喜寒唯寒則開早白樂天詩云禁守寒氣遲孟冬菊方拆東坡亦云菊黃中之色香味和正花葉根實皆長生藥也北方隨秋之早晚大略至菊有黃花乃開獨嶺南不然至冬至乃盛發嶺南地暖百

卉造作無時而菊獨後開考其理菊性介烈不與百卉盛衰須霜降乃發而嶺海常以冬至微霜故也其天姿高潔如此宜其通仙靈也近世菊品最多有金鈴珠子桃花等種類不同東坡取朱遜之之說云當以黃爲正餘皆可鄙蓋本之月令也今服食家多用白菊然遜之之說亦自有理抱朴子云南陽酈縣山中有甘谷谷上左右皆生甘菊菊花墮其中水味爲變居民食甘谷水無不壽考故司空王暢太尉劉寬太傅袁隗爲南陽太守縣月送甘谷水四十斛西京雜記云九月九日飲菊

花酒令人益壽菊花舒時并采莖葉雜黍米釀之至來年九月始熟就飲焉圖經云河內以八月合花收暴乾浸酒中服之今諸州菊花酒其法得於此

芝

采三秀兮於山閒王逸注三秀謂芝草也爾雅茵芝邢昺曰瑞草名也一歲三華一名茵一名芝論衡云芝生於土土氣和故芝草生思元賦冀一年之三秀近時王令逢原作藏芝之賦序云離騷九歌自詩人所紀之外地所常產目所同識之草盡矣而芝之復獨遺說者遂以九

歌之三秀爲芝兮以其不明又其辭曰適山而采之芝非獨山草蓋未足據信也洪慶善曰本草引五芝經云皆以五色生於五岳又淮南子云紫芝生於山而不能生於盤石之上則芝亦生於山間耳逢原之說豈其然乎仁傑按禮記芝栭庾蔚云無華葉而生者曰芝栭盧氏云木芝也王肅云無華而實者名栭皆芝屬也庾又云芝栭應是一物今春夏生於木可用爲菹賀氏以爲二物云栭細栗芝木椹也孔穎達以賀氏爲非按爾雅栵一名栭郭璞云子如細栗江東呼栭栗則芝自芝栭自

栭也本草五芝之之外别出紫芝唐本注云多黄白稀有黑青者諸方所獻白芝未必華山黑芝又非常岳然紫芝最多非五芝類陶隱居云芝皆仙草俗所稀見其族種甚多形色環異並載芝草圖中今俗所用紫芝是杉木株上所生狀如木檽抱朴子云赤者如珊瑚白者如截肪黑者如澤漆青者如翠羽黄者如紫金而皆光明洞徹如堅冰也又云木芝者松柏脂淪地千歲化為伏苓萬歲其上生小木狀如蓮華名曰木威喜芝夜視有光持之甚滑燒之不焦本草赤芝生霍山陶隱居云南

岳本是衡山漢武帝始以小霍山代之非正也此則應
生衡山按尚書大傳爾雅諸書皆以霍爲南岳仁傑嘗
於兩漢刊誤辨正其事

蘭

紉秋蘭以爲佩王逸注行清潔者佩芳言己脩潔乃取
江離芷蘭以爲衣被服博采衆善以自約束也又滋蘭之
九畹言行仁義勤身自勉猶蒔衆香也又蘭藉則以薦
肴浴蘭則以潔濯蘭旌蘭枻蘭橑則以爲居室器用之
飾皆以自喻也本草有蘭草澤蘭二物蘭草一名水香

一名水蘭澤蘭一名虎蘭一名龍棗一名虎蒲顔師古注司馬相如賦云蘭卽今澤蘭也陶隱居云蘭草都梁是也水經云零陵郡都梁縣西小山有渟水其中悉生蘭草緑葉紫莖盛洪之荆州記亦云都梁縣山下有水生蘭草名爲都梁因山爲號也洪慶善云澤蘭如薄荷微香荆湘嶺南人家多種之此與蘭草大抵相類但蘭草生水傍葉光潤尖長有岐陰小紫花紅白而香五六月盛而澤蘭生水澤中及下濕地苗高二三尺葉尖微有毛不光潤方莖紫節七月八月開花帶紫白色此爲

異耳詩方秉蕑兮陸璣云蕑卽蘭也其莖葉似藥草澤蘭廣而長節節中赤高四五尺漢諸池苑及許昌宮中皆種之可著粉中藏衣著書中辟白魚文選云秋蘭被涯注云秋蘭香草秋時盛也近時劉次莊樂府集云離騷曰紉秋蘭以爲佩又曰秋蘭兮青青綠葉兮紫莖又曰春蘭兮秋菊今沅澧所生花在春則黃在秋則紫然而春黃不若秋紫之芬馥也由是知屈原眞所謂多識鳥獸草木而能盡究其所以情狀者歟三劉漢書刊誤云蘭今管城多有之澤蘭自別一種草非蘭也蘭當如

麥門冬而長大花黃紫兩色山谷云蘭生深山叢薄之中不爲無人而不芳兮香體潔平居與蕭艾同生而不殊清風過之其香藹然在室滿室在堂滿堂所謂含章以時發者也然蘭蕙之才德不同蘭似君子蕙似士夫槩山林中十蕙而一蘭也離騷曰余既滋蘭之九畹又樹蕙之百畝招魂光風轉蕙氾崇蘭以是知楚人賤蕙而貴蘭矣又畦留夷與揭車兮雜杜衡與芳芷任傑按說文畹三十畝也畦五十畝也如此則蘭爲畝者二百七十蕙百畝留夷以下五十畝蓋蘭爲上蕙次之留夷

之屬爲下所貴者不厭其多而所賤者不必多山谷言賤蕙貴蘭之意則是其所以爲貴賤之意則失之矣蘭俗呼爲燕尾香煮水以浴療風故又名香水蘭夏小正五月蓄蘭爲沐浴也故曰浴蘭兮沐芳蘭固可用浴而不可食頃聞蜀士云屢見人醉渴飲瓶中蘭華水吐利而卒者又峽中儲毒以藥人蘭華爲第一乃知甚美必有甚惡蘭爲國香人同服媚之又當愛而知其惡也離騷以蘭爲不可恃亦不爲無說

石蘭

疏石蘭兮爲芳被石蘭兮帶杜衡折芳馨兮遺所思王逸注所思謂清潔之士若屈原洪慶善曰蘭草生水傍澤蘭草生水澤中山蘭生山側似劉寄奴葉無椏不對生花心微黄赤楚詞有秋蘭春蘭石蘭王逸皆曰香草不分別也仁傑按石蘭卽山蘭也蘭生水傍及水澤中而此生山側荀子所謂幽蘭花生於深林者自應是一種故離騷以石蘭別之又一種曰馬蘭生澤傍如澤蘭氣臭本草注云楚詞以惡草喻惡人北人見其花呼爲紫菊以其花似菊而紫也按東方朔七諫云蓬艾入御

於牀笫兮馬蘭踸踔而日加本草注所引蓋謂是也

蕙

豈惟紉夫蕙茝既替余以蕙纕兮荷衣兮蕙帶凡此皆以爲服飾也薜荔拍兮蕙綢擗蕙櫋兮既張此則以爲屋飾也皆取香潔自脩飾之意蕙肴烝兮蘭藉則取其芬芳以爲俎羞也又植蕙之百畝則以喻賢人君子欲其衆也洪慶善引本草云薰草一名蕙草山海經云薰草麻葉而方莖陳藏器云此即是零陵香黄魯直説與此異仁傑按山海經天帝之山下多菅蕙又升山其草

多識其蕙郭璞注蕙香草蘭屬或以蕙爲薰葉失之則蕙與薰葉本非一種廣志云蕙草綠葉紫花今蘭葉與花亦然故景純以爲蘭屬而山谷謂蘭蕙叢出蒔以沙石則茂沃以湯茗則芳是所同也至其發華一幹一華而香有餘者蘭也一幹五七華而香不足者蕙也蕙雖不若蘭其視椒榝則遠矣然則蘭蕙蓋略相似但以著花多少爲別耳本草於薰草外別出蕙實云生魯平澤五月收味辛香正應是蘭蕙之蕙此說是也

花芳

扈江離與辟芷兮王逸注扈被也言己脩潔乃取江離辟芷以爲衣被采衆善以自約束也畦留夷與揭車兮雜杜衡與芳芷王逸注言雜植芳芷德行彌盛也芷葺兮荷屋以芷覆屋也又浴蘭兮沐芳洪慶善曰白芷一名芳香以此沐浴潔濯之謂也李白亦有此作曰沐芳莫彈冠浴蘭莫振衣處世忌太潔至人貴藏暉與此意異仁傑按本草白芷名芳香又名澤芬陶隱居云東閒甚多道家以此香浴又用合香也嘉祐圖經云今所在皆有之吳地尤多根長尺餘白色枝幹去地五寸以上

春生葉相對婆娑紫色闊三指許花白微黃入伏後結子立秋後苗枯按集韻芷諸市切香艸也同音茝字艸名蘼蕪也今離騷茝多作芷蓋茝有芷音讀者亂之茝音芷者謂蘄茝也

茝 葯

豈惟紉夫蕙茝洪慶善曰茝白芷也又攬木根以結茝慶善引荀子蘭槐之根爲芷注謂苗名蘭槐根名芷然則木根與茝皆喻本也又辛夷楣兮葯房王逸注葯白芷也五臣云以馨香爲房之飾慶善曰本草白芷楚人

謂之葯博雅曰芷其葉謂之葯又劉向九歎莞芎棄於
澤洲王逸注莞苻蘺也慶善引本草白芷一名莞一名
芙蘺爾雅莞芙蘺注云蒲也仁傑曰芳草固多異名白
芷一物而離騷異其名者四曰芷曰芳曰茝曰葯按本
草朱字神農本經云白芷一名芳香此固不疑至黑字
云一名䔼一名苻蘺葉名蒚麻乃諸醫以爾雅文傅益
者也是豈足據哉郭璞注爾雅莞苻蘺其上蒚云今西
方人呼蒲爲莞蒲江東謂之苻蘺用之爲席其上臺別
名蒚說文茝字解云䔼也䔼字解云楚謂之爲蘺晉謂

之虈齊謂之茝又山海經號山草多葯虈崍山草多葯
郭璞注葯即虈茝謂之蘺者苻離也虈茝特齊晉方言
之異而葯與蘺虈文有詳略耳如莞一名萁莞莙一名
陵莙也則知離騷所謂茝葯者指莞蒲言之非白芷別
名簀矣陸德明詩音義云莞草叢生水中本草注云白
芷生下濕地則茝葯與芷判然二物抑又可見諸家之
說誤也顧野王蒚字解云蒲蒚今蒲頭有臺臺上有重
臺中出黃即蒲黃也本草有香蒲及蒲黃條即所謂莞
苻離茝葯者也香蒲一名睢一名醮唐本注云此則甘

蒲作薦者山南名此爲香蒲而謂菖蒲爲臭蒲也春初生嫩葉未出水時紅白色茸茸然周禮以爲菹生噉之甘脆至夏抽梗於叢葉中花抱梗端謂之蒲槌花中蘂屑細若金粉謂之蒲黃篩其粉後有赤滓謂之蒲萼又敗蒲席條陶隱居云人家所用席皆是莞草而薦多用蒲唐本注云席薦一也晉齊間人謂蒲薦爲蒲席亦曰蒲蓋謂藁作者爲薦爾山南江左以機上織者爲席席下重厚者爲薦仁傑按莞蒲有大小二種爾雅莞苻蘺之外又有䓞鼠莞注云亦莞屬纖細似龍須可以爲席

蓋唐本草所謂香蒲可爲薦者莞苻離也機上織者鼠莞也鄭康成詩箋下莞小蒲之席孔穎達詩疏謂康成云莞小蒲也者以莞蒲一草之名而司几筵有莞筵蒲筵則有大小之異爲席有精麤故得爲兩種席也設席麤者在下美者在上諸侯祭祀之席以莞加蒲明莞細而用小蒲也陸德明莞草江南以爲席形似小蒲而實非蓋以莞加蒲者謂莞苻離爲蒲謂席鼠莞爲莞也鼠莞小於苻離故別之曰小蒲下莞上簟者謂莞苻離所爲而不論鼠莞也德明謂莞莖圓即鼠莞耳又謂似小

蒲而非何哉山海經亦有大小蒲之別孟子之山其草多蒲又賈超之山其中多龍脩郭注龍須也似莞而細出山石穴中莖倒垂可以爲席是也又太行以至無逢之山祠用一藻茝瘞之郭注藻聚藻茝香草蘭之類以山海經他文推之如曰祠用一璋玉或曰用一藻玉或曰用一璧或曰用一璧一珪使藻茝爲二物當如珪璧之文云用一藻一茝可也又郭注藻玉云玉有符彩者或曰盛玉藻藉也謂玉有藻彩良是如或人之說則藻藉與玉爲二物矣按泰冒之山浴水出焉其中多藻玉

觀此則或人之說不攻自破倒以藻玉則藻茝當是一物郭說失之藻爲茝曰藻茝者以其生於水中又爾雅有蘄茝故以是別之耳集韻茝字諸市切云艸名蘼蕪也又昌亥切云艸名虈二茝音訓當如是別曹憲博雅以葯爲芷葉按淮南書云舞者身如秋葯之被風則葯至秋猶茂今白芷立秋後卽枯故東方朔七諫云捐芷葯與杜蘅王褒九懷云芷室兮葯房以芷葯齊稱而並舉之其爲二物明甚憲與邈其失同科

杜蘅

雜杜衡與芳芷王逸注言已積累衆善以自脩飾復植杜衡雜以芳芷芬香益暢也又芷葺兮荷屋繚之兮杜衡謂以荷爲屋以芷覆之又以杜衡繚之也又被石蘭兮帶杜衡折芳馨兮遺所思五臣云所思謂君也喻己被帶忠直又以嘉言而納於君仁傑按山海經天帝之山有草狀似葵臭如蘼蕪名曰杜衡爾雅杜一名土鹵郭璞云杜衡也本草杜衡香人衣體三月採根陶隱居云根葉都似細辛惟氣小異耳唐本注云葉似葵按今本草作葉似槐者誤也形如馬蹄故俗云馬蹄香生山之陰水澤下濕

地根似細辛白前等（按宋刻誤作白芷今訂正）今俗以及己代之及己獨莖莖端四葉葉間白花殊無芳氣有毒不可亂杜衡也圖經云杜若亦名杜衡或疑是杜若據郭注云似葵而香故知是此杜衡也江淮間皆有之今人用作浴湯及衣香甚佳根麤黄白色春初於宿根上生苗高二三寸莖如麥稾（按宋刻誤作蒿今訂正）麤細每窠上有五七葉或八九葉別無枝蔓又於葉莖間罅內蘆頭上貼地生紫花闊結實如豆大窠內有碎子苗葉俱青沈存中云東方南方所用細辛皆杜衡也黃白拳局而脆乾則作團

非細辛也細辛出華山極細而直深紫色味極辛嚼之習習如椒其辛更甚於椒本草云細辛水漬令直是以杜衡僞爲之也

蘼蕪 江離

秋蘭兮蘼蕪五臣云皆喻懷忠潔也洪慶善引爾雅蘄茝蘪蕪郭璞云香草葉小如萎蔫狀管子云沃之土生蘼蕪仁傑按山海經洞庭之山其草多蘼蕪號山其草多芎藭本草芎藭一名胡藭一名香果其葉名蘼蕪似蛇牀而香騷人借以爲譬又蘼蕪條云一名薇蕪一名

江離芎藭苗也陶隱居云今出歷陽節大葉細狀如馬銜謂之馬銜芎藭蜀中亦有而細苗名蘼蕪蜀本圖經云苗似芹胡荽蛇牀吳氏云葉香細青黑文赤如藁本冬夏叢生五月華赤七月實黑莖端兩葉唐本注云此有二種一如芹葉一如蛇牀香氣相似嘉祐圖經云其苗四五月間生其葉倍香或蒔於園庭則芬馨滿徑七八月開白花關中出者俗呼為京芎惟形塊重實作雀腦狀者佳謂之雀腦芎扈江離與辟芷王逸注江離香草名洪慶善云司馬相如賦被以江離糅以蘼蕪乃二物

也本草蘼蕪一名江離江離非蘼蕪也猶杜若一名杜衡杜衡非杜若也顏師古注引郭璞云江離似水薺張勃云江離出海水中正青似亂髮郭義恭云江離赤葉未知孰是今無識之者仁傑按說文江離蘼蕪也郭璞山海經注芎藭一名江離則芎藭也江離也蘼蕪也三者異名而同實慶善以相如賦疑之按淮南子云夫亂人者若芎藭之與槀本蛇牀之與蘪蕪亦以芎藭與蘼蕪竝稱相如賦又云芎藭昌蒲江離蘼蕪泥此則芎藭蘼蕪亦不得爲一物矣

杜若

采芳洲兮杜若將以遺夫下女王逸注女以喻己之儔匹言己願往芬芳之洲取杜若以與忠正之人思與同志也又搴汀洲兮杜若將以遺夫遠者逸注遠者謂高賢隱士言己欲求高賢之士以香草遺之與共脩道德也華采衣兮若英逸注若杜若也言衣此以自潔清洪慶善云爾雅榮而不實者謂之英本草杜若一名杜衡一名杜蓮一名白連一名白芩一名若芝陶隱居云今處處有之葉似薑而有文理根似高良薑而細味辛香

又絶似旋葍根殆欲相亂葉小異爾唐本注云苗似藁
薑生陰地根似高良薑全少辛味陶所注旋葍根即眞
杜若也蜀本圖經云苗似山薑花黃赤子赤色大如棘
子中似豆蔻嘉祐圖經云此草一名杜衡而中品自有
杜衡條杜衡爾雅所謂土鹵者也杜若廣雅所謂楚衡
者也其類自別然古人多相雜引用九歌云采芳洲兮
杜若又離騷雜杜衡與芳芷王逸輩皆不分別但云香
草也仁傑按華若香草名此言以華草之色爲衣而以
杜若爲飾耳慶善以榮而不實爲釋亦非是詩二矛重

英毛注英飾也集韻以羽飾矛曰英又詩朱英綠縢言以朱爲英飾又詩羔裘晏兮三英粲兮此謂英爲裘飾如上文羔裘豹飾耳毛公以三英爲三德其說恐誤歐陽公曰三英當是述羔裘之美程氏曰三英若五紽之類自是衣服禮儀制度鄭景望少卿謂英者出縫綫之飾云

芰

製芰荷以爲衣王逸注芰陵也秦人曰薢茩仁傑按爾雅蔆一名蕨攈字林楚人名蔆曰芰可食國語屈到所

嗜俗云蔆角是也本草有芰實蜀本圖經云生水中葉
浮水上其花黄白色嘉祐圖經云花落而實生漸向水
中乃熟一種四角一種兩角兩角中又有嫩皮而紫色
者謂之浮蔆王安貧武陵記兩角曰蔆三角四角曰芰
通謂之水栗杜牧之晚晴賦云復引舟于深灣忽八九
之紅芰姹然如婦斂然如女今蔆花色黄白而葉綠故
反離騷云衿芰茄之綠衣又三都賦云綠芰泛濤而浸
淊牧之所云似誤以芰爲芙蓉華也周官聚斂疏材鄭
康成云疏材百草根實可食者賈公彥曰百草或取根

謂若蔆芡之屬取實謂若榛栗之屬按芡實可食根亦可作蔬茹吳中謂之雞頭菜至蔆則可食者實耳非根也

蘦

微霜降而下淪兮悼芳草之先蘦王逸作零云古本作蘦揚子雲反離騷云愍吾纍之衆芬兮颺燁燁之芳苓遭季夏之凝霜兮慶夭顇而喪榮顏師古曰苓香草名仁傑曰以反騷文意考之古本作蘦爲是悼芳草之先蘦言微霜之降未及惡草而芳草中先及蘦也反騷字

作苦者詩采苓毛公苓大苦也爾雅蘦一名大苦郭璞注今甘草也蔓延生葉似荷青黃莖赤有節節有枝相當或云似地黃邢昺疏引詩云采苓采苓首陽之巔是也蘦與苓字雖異而音義同本草有甘草條謂爲國老云一名蜜甘一名美草一名蜜草一名蕗草生河西川谷陶隱居云今出蜀漢諸夷中赤皮斷理看之堅實者是又有紫甘草細而實按政和本草細而實下有之時可用四字似不應刪國老即帝師之稱雖非君爲君所宗嘉祐圖經云春生青苗高一二尺葉如槐葉七月開紫花似柰冬結實作角子

如畢豆根長者三四尺麤細不定皮赤上有橫縱下皆細根也首陽山在河東蒲坂縣乃今甘草所生處而先儒所說苗葉與今全別豈種類有不同者乎沈存中云本草注引爾雅蘦大苦甘草也蔓生葉似荷莖青赤此乃黃藥也其味極苦故謂之大苦非甘草也甘草枝葉悉如槐高五六尺但葉端微尖而糙澀似有白毛實如相思角四五角作一本生熟則角拆子如小扁豆極堅齒齧不破按本草黃藥根味苦藤生高三四尺根及莖似小桑存中意以大苦不應味甘耳然先儒亦自有

成說爾雅齧一名苦堇邢昺疏曰本草云味甘此云苦者古人語倒猶甘草謂之大苦是也

離騷草木疏卷第一

離騷草木疏卷第二

通直郎行　國子錄河南吳仁傑撰

荼

故荼薺不同畝兮王逸注荼薺不同畝而俱生以言忠佞亦不同朝而俱用也爾雅荼苦菜邢昺疏荼味苦而可食者也本草苦菜一名荼草一名選一名游冬生益州凌冬不死桐君錄云三月生扶疎六月華從葉出莖直花黃八月實黑實落根復生冬不枯陶隱居云今茗極似此疑卽是茗茗一名荼又令人不眠亦凌冬不彫

而嫌其止生益州益州乃有苦菜正是苦識爾又巴東閒別有眞茶火煏作卷結亦令人不眠恐或是此又白英條一名穀菜陶云益州有苦菜土人專食之皆充健無病疑或是此唐本注引詩云誰謂荼苦又堇荼如飴皆苦菜異名也陶謂之茗茗乃木類殊非菜流爾雅釋草云荼苦菜釋木云檟苦荼二物全別又顏氏家訓按易通卦驗元圖曰苦菜生於寒秋經冬歷春得夏乃成葉似苦苣而細斷之有白汁花黃似菊此則與桐君略同所在有之苦識乃龍葵爾俗亦名苦菜非荼也蜀本

圖經云春花夏實至秋復生花而不實陳藏器云苦蘵葉極似龍葵但龍葵子無殼苦蘵子有殼蘇云是龍葵誤也人亦呼爲小苦耽按宋刻誤⿱艹耽今訂正顏師古刊謬正俗云苦菜主療諸病功力甚多若苣豈有此效桐君所說正得體狀今吳蜀謂苦菜者卽爾雅所謂蘵黃蒢耳仁傑按詩采苦正義曰此荼也陸璣云苦菜生山田及澤中得霜甜脃而美所謂堇荼如飴者按此菜諸家之說不一謂葉似苦苣者是也陶所云苦蘵蓋苦蔘別名顏所云蘵葉似酸漿江東以作葅食者蘵與識不同按此句似宜云

蘵與苦蘵不同脫漏苦字否則上句者字是苦字之訛今傳鈔本改下蘵字作職似無所本今仍宋刻之舊以俟訂正

又本草唐本別出茗苦𣗪條正月按正月二字似衍文今傳鈔本正月下有取字攷政和本草茗苦𣗪條下亦祇云春採之未嘗有正月字則取字似是後人增入非吳氏本文也

爾雅荼檟一釋此以荼與薺合言之則荼薺皆當爲草東坡詩周詩記苦荼茗飲出近世似亦誤指荼爲苦荼耳夏小正四月取荼以爲君薦蓋荼薺所以異者荼始苦而終甘薺則初食便甘又孟夏當陽長陰消之極而是月苦菜秀薺麥枯則知荼陽物也薺陰物也是又不同畝而俱生之義又爾雅委葉味辛且苦亦謂之荼

周頌以薅荼蓼即委葉也蘇鶚演義云紫葉者爲香荼
靑葉者爲靑荼又茅秀亦謂之荼詩有女如荼國語望
之如荼皆與此名同體殊也孫氏齊民要術音義云苣
今葉皺而圓者謂之苦蕒葉長而光者謂之生菜畦種
之甜脆勝野生者

薜荔

薜荔拍兮蕙綢王逸注薜荔香草拍搏壁也言己居家
以薜荔搏飾四壁以香潔自脩飾也罔薜荔兮爲帷言
以爲帷帳也貫薜荔之落蘂逸注貫累此香草執持忠

正也五臣云買拾也仁傑按山海經小華之山其草草
荔狀如烏韭而生石上亦緣木而生郭璞注草荔香草
也䕭戾兩音本草有絡石嘉祐圖經云今在處有之宮
寺及人家亭圃山石間種以爲飾葉圓細如橘按政和本草引
嘉祐圖經云葉圓如細橘正青冬夏不彫其莖蔓延節著處卽生根
鬚包絡石上以此得名花白子黑薜荔木蓮地錦石血
皆其類也薜荔與此極相類但莖葉麤大如藤狀木蓮
更大如絡石其實若蓮房地錦葉如鴨掌蔓著地上隨
節有根石血極與絡石相類但葉頭尖而赤耳又藥性

論云土鼓藤小兒取於地打作鼓聲李邕名爲常春藤日華子云常春藤一名龍鱗薜荔或以揚雄反騷言卷薜芷與若蕙漢書房中歌言都荔遂芳疑薜與荔本二物故爾雅有薜山蘄而山海經有草荔草字與薜音義不同按離騷云令薜荔以爲理兮憚舉趾而緣木則薜荔固一物耳廣雅以山蘄爲當歸非緣木而生者也

女蘿

被薜荔兮帶女蘿王逸注女蘿兎絲也爾雅唐蒙女蘿女蘿兎絲案宋刻女蘿無重文今據爾雅補 又蒙玉女邢昺疏唐也蒙

也女蘿也兔絲也玉女也一物五名詩蔦與女蘿施于松柏毛傳云女蘿兔絲松蘿也本草松蘿一名女蘿陶隱居云東山甚多生雜木上而以松上者爲眞此外又出兔絲子條云一名兔蘆一名唐蒙一名玉女一名赤綱一名兔纍蔓延草木上陶隱居云田野墟落中甚多皆浮生藍紵麻蒿上舊言下有茯苓上生兔絲今不必爾抱朴子云兔絲初生根形如兔又云兔絲之草下有伏兔之根無此兔則絲不得生於上然實不屬也日華子云兔絲苗莖似黃麻線多附田中草被纏死或生一

叢如席闊開花結子不分明如碎黍米粒顏師古急就章注云黃而細者爲兎絲麤而色淺者爲兎盧仁傑按爾雅以女蘿兎絲爲一物本草以爲二物古詩與君爲新昏兎絲附女蘿李太白詩君爲女蘿草妾作兎絲華二詩皆用本草之說秦少游詩女蘿覆石蔓黃華按松蘿正青兎絲黃而有花則少游卽以兎絲爲女蘿自用爾雅詩傳之說耳淮南子云下有茯苓上有兎絲許氏注云茯苓千歲松脂也兎絲生其上而無根一名女蘿陸璣云今兎絲蔓連草上生黃赤如金今藥兎絲子是

也非松蘿松蘿自蔓生松上枝正青與兎絲殊與則許氏陸璣之說又相背馳按茯苓兎絲皆出於松則松蘿一名兎絲王逸之說爲是若藍苧麻蒿上所生疑自是一種如杜若與杜蘅也山海經姑媱之山帝女化爲䔄草其葉胥成其華黃其實如菟丘郭注菟丘菟絲也則菟絲又謂之菟丘矣

菌

雜申椒與菌桂王逸注菌薰也葉曰蕙根曰薰洪慶善曰博雅云菌薰也其葉謂之蕙則菌與蕙一種也下文

別言蕙茝又云矯菌桂以紉蕙則菌桂自是一物本草有菌桂正圓如竹菌一作箘其字從竹仁傑按山海經有桂山榣山郭璞注此多桂及榣木因名云爾又有衡山菌山桂山郭云菌音芝菌之菌又云衡山有菌桂桂圓似竹見本草按菌與桂爲兩物如桂與榣也山海經孟子之山其草多菌蒲蓋桂之似竹者曰箘桂其字從竹菌蒲之菌其字從草渠可強牽合而一哉陳藏器謂本草箘桂字本作筒故方有筒桂後人誤書爲箘九歎云菀蘼蕪與菌若九懷云菌閣兮蕙樓皆以菌自爲一

物七諫云飲菌若之朝露兮結桂木而爲室又以菌與桂上下句分使遂以爲薰草艮是然不當以葉爲蕙郭璞注山海經骨蓉葉如蕙云蕙香草蘭屬或以蕙爲薰葉失之義謂是也山海經浮山有草曰薰草麻葉而方莖赤華而黑實其臭如蘼蕪今按本草薰草一名蕙草陶隱居云俗呼鷰草狀如茅而香者爲薰草陳藏器云薰即蕙根一名鷰草案政和本草作蕪草又香蒲條陶隱居云是薰草又云是鷰麥然香滿不作麻葉唐本去薰草不載惟藥錄云薰草葉如麻兩兩相對按本草別出零陵香

條云生零陵山谷葉如羅勒南越志名燕草又名薰草引山海經薰草云即零陵香也圖經云生下溼地常以七月中旬開花至香古方但用薰草而不用零陵香益山海經所謂蘭與薰草離騷經所謂蘭皆此物也雖一名蕙草諸家或以根或以葉爲之其實不然本草別有蕙實正如杜若一名杜衡而別有杜衡不相似也本草當合薰草零陵香爲一條而蕙實自爲一條可也況存中云蕙即零陵香益循陳藏器之誤耳王度記云諸侯鬯酒以薰大夫以蘭芝則薰草之貴在蘭芝之上

茹

攬茹蕙以掩涕兮王逸注茹柔耎也五臣云茹臭也蕙香草以喻忠正洪慶善云玉篇茹柔也一曰菜茹五臣以茹爲香誤矣呂氏春秋曰以茹魚驅蠅蠅愈至而不可禁則茹又爲臭敗之名非香也周少隱云茹之爲言食也詩曰柔則茹之崔駰達旨辭曰或木茹而長飢與上古未有火化飲血茹毛則茹爲食明矣此言茹蕙猶言食秋菊耳蕙可茹菊可食皆取其中心懷服忠正如嗜草木之芳香也曰攬茹蕙以掩涕者言攬所茹之蕙

傷己中心嗜好唯盛德之馨香而不見知於時也仁傑按茹香草名也本草名茈胡一名地薰一名山茱其葉名芸蒿辛香可食呂氏春秋云菜之美者陽華之芸淮南子云草可以死復生陶隱居云今出近道如前胡而強倉頡解詁云芸蒿春秋有白蒻長四五寸圖經云二月生苗甚香莖青紫葉似竹葉稍緊亦有似邪蒿亦有似麥門冬而短七月開黃花根赤色蘆頭有赤毛如鼠尾月令仲冬之月芸始生皇氏云應陽氣而出雜禮圖曰芸蒿也葉似邪蒿夏小正正月采芸爲廟采也顏師

古急就章注云芸蒿生熟皆可啖沈存中云古人藏書用芸今人謂之七里香者是也葉類豌豆作小叢生其葉極芬香秋後葉間微白案秋後二字據夢溪筆談補如粉汙辟蠹殊驗南人採寘席下能去蚤蝨曾得數株於文潞公家移植祕閣按存中所云與本草小異爾雅疏云權一名黃華郭注云今謂牛芸草爲黃華葉似苜蓿說文亦云芸草也似苜蓿然則牛芸云者亦芸類郭以時驗而言之存中之言殆此類邪

紫

蓀壁兮紫壇王逸注累紫貝爲室壇仁傑按山海經闕
澤多茈蠃注紫色螺也固可用紫貝解然與上下文所
云荷室椒堂桂棟蘭橑葯房蕙櫋不類九歌魚鱗屋兮
龍堂紫貝闕兮珠宮於此用紫貝則宜紫壇之紫蓋紫
草也山海經勞山多茈草注云一名茈莀中染紫爾雅
藐一名茈草根可以染紫說文茈草也將此切本草紫
草條云一名紫丹一名紫芙苗似蘭香莖赤節青二月
有花紫白色秋實白生碭山及楚地紫石華條云紫一
作茈古紫茈通文苑作紫貝闕兮珠宮今本作朱王逸

云朱丹其宫恐當以珠字爲正賈思勰云種紫宜軟良之地沙地亦善性不耐水必須高田三月種九月刈

華

華采衣兮若英仁傑按上下文浴蘭兮沐芳華采衣兮若英蘭也芳也華也若也四者皆香草洪慶善以芳爲白芷固當至以華采爲五色采則因王逸之誤而兼之能正山海經單狐之山多華草逢水出焉爾雅葭一名華說文葭葦之未秀者詩葭菼揭揭正義引爾雅葭蘆菼薍云大車傳以菼爲蘆之初生則毛意以葭菼爲一

陸璣云蘆或謂之荻以今語驗之則蘆薍別草也蘆葦之初生其名爲葭稍大爲蘆長成乃名葦耳本草蘆根條其花名蓬蕽圖經云其狀都似竹而葉抱莖生無枝花白作穗若茅花根亦若竹根而節疎爾雅蘆爲葭誤郭璞云蘆葦也謂蒹爲薕似萑而細長高數尺江東人呼爲薕藡謂菼爲薍似葦而小中實江東呼爲烏蓲其華皆名芀所謂蘆葦通一物也薕今作蒹者是也菼今以薪爨者是也今人罕能別蒹菼與蘆葦又北人以葦與蘆爲二物水傍下溼所生者皆爲葦其細不及指人

家池爾所植者爲蘆其榦差大深碧色者謂之碧蘆亦難得其笋味小苦堪食集韻釆與彩通文色也詩蒹葭蒼蒼言其色之青華爲蘆之未秀菼九青嫩之時西京雜記太液池邊皆是彫胡紫籜之類長安人謂葭蘆之未解葉者爲紫籜云

菰

設菰粱只王逸注菰粱蔣實謂彫胡也言有菰粱之飯芬香且柔滑也仁傑按本草菰根注云蔣草也江南人呼爲茭草蜀本圖經云生水中葉似蔗荻久根盤厚夏

月生菌細堪噉名菰菜三年已上心中生臺如藕白軟中有黑脈亦堪噉名菰首也陳藏器云菰菜雜鯽魚爲羹解酒毒生江東池澤菰葑上呂氏春秋云菜之美者越駱之菌是也晉張翰見秋風起思之菰首生菰蔣草心至秋如小兒臂更有一種小者擘肉如墨名烏鬱人亦食之嘉祐圖經云葉如蒲葦輩春生笋謂之茭白歲久者生臺如兒臂謂之菰手今作菰首非是爾雅出隧一名蘧蔬郭璞云似土菌正謂此也南方人謂菌爲菰亦緣此義其臺中墨者謂之茭鬱兩浙下澤處菰根相

結久則并土浮於水上謂之菰葑刈去其葉便可耕蒔其苗有莖梗者謂之菰蔣草至秋結實乃彫胡米也古人以爲美饌今饑歲人猶採以當糧西京雜記云太液池邊皆是彫胡紫蘀綠節蒲叢之類菰之有米者長安人謂之彫胡菰之有首者謂之綠節是也廣志云菰以作席溫於蒲賈思勰炊菰米法云菰穀盛韋囊中擣瓷器爲屑勿令作末納韋囊中令滿版上揉之取米一作可用升半炊如稻米按高誘注呂氏春秋云越駱之菌謂竹筍也與陳藏器所云意義頗差〔案越駱之菌菌字當作箘〕

蓴

膾苴蓴只王逸注苴蓴蘘荷也又九歎蘘荷汁蓴苴也洪慶善曰蓴普各匹沃二切或作蒪非是仁傑按說文蘘荷一名蒚葙博雅蒪苴蘘荷也集韻平聲蒓殊倫切水葵也通作蓴又入聲蓴字二切如上蘘荷也劉氏漢書刊誤論上林賦巴凡云且蒪且也此文云苴蓴者苴謂蒚苴蓴謂水葵蒓二物也蘘荷自許叔重以前一名蒚葙至齊梁間猶呼覆葅覆蒚音同俚俗訛耳逸作楚詞章句在說文後不知何緣以蒚爲蓴曹憲博雅乃在

隋世遵用遐說而已就遐說言之蘘荷一名葍苴而此以苴蓴爲文蓴爲水葵明矣本草蓴味甘三月至八月名絲蓴霜降已後至十二月名瑰蓴味苦澀取以爲羹猶勝雜菜蜀本圖經云生水中葉似鳧葵浮水上採莖堪噉花黃白子紫色莖細如釵賈思勰種蓴法云近陂湖者可於湖中種之近流水者可決水爲池種之水深則莖肥而葉少淺則葉多而莖瘦性易生不耐污糞穢入池即死又有石蓴生南海石上南越志云似紫菜色青案吳氏蓋作蓴字但大招蓴與醢薄擇叶韻似未可以爲平聲之蓴也

蘋案王逸注楚詞作白薠兮騁望注云薠一作蘋非也

白蘋兮騁望與佳期兮夕張五臣云以喻張設忠正以待君命又鳥萃兮蘋中仁傑按集韻蘋或作薠水荇也

山海經崑崙之丘有草曰薲其狀如葵其味如葱呂氏春秋曰菜之美者崑崙之蘋爾雅苹一名萍案爾雅云萍洴無苹名洴之文惟陸氏本作苹故爾雅別有苹藾蕭條又詩食野之苹毛氏傳云苹萍也鄭氏箋云苹藾蕭也疏云苹是水中之草非鹿所食故鄭氏不從毛氏據此則苹爲陸草萍爲水草判然二物此當作萍或作洴不當從陸氏本作苹也其大者蘋注水中浮萍江東謂之薸本草水萍條陳藏器云水萍有三種大者曰蘋葉圓闊寸許葉

下有一點如水沫一名芣菜陸璣草木疏云其麤大者謂之蘋季春始生可糝蒸爲茹蘇恭云大曰蘋中者荇菜即鳧葵也小者浮萍生溝渠間上光庭云湖州圖經謂爲不滑之莼謬矣爾雅蘋大萍左傳蘋蘩薀藻之菜然則蘋爲萍類根不植泥生於水上今人呼爲浮菜者是也此文今本作白蘋者是非蘋蘩薀藻之菜孔穎達云薀聚也藻聚生故謂之聚藻按薀音溫自是一種水草今浙西之人謂之薀草取以糞田者是也集韻平聲薀烏昆切薀水艸也宋玉風賦起於青蘋之末此云白

蘋者上光庭謂入夏有花其花正白故云或曰蘋花夏生而柳惲詩云汀洲採白蘋日與江南春何也曰以此花色白故花時亦可呼爲白蘋也

蒿

吳酸蒿蔞王逸注蒿蘩草也爾雅蘩皤蒿邢昺疏云皤猶白也詩于以采蘩于沼于沚孔穎達正義引孫炎曰白蒿也然則非水菜言沼沚者謂於其傍采之也本草唐本白蒿注云此蒿葉麤於青蒿從初生至枯白於衆蒿頗似細艾所在有之又云葉似艾上有白毛麤澀俗

呼蓬蒿掌禹錫云蓬蒿可以爲菹故詩箋云以豆薦蘩菹陸璣云凡艾白色爲皤蒿今白蒿春始生及秋香美可生食又可蒸一名游胡北海人謂之旁勃故大戴禮夏小正傳曰蘩由胡由胡旁勃也孟詵云春初蒿最先諸草而生

苴

膾苴蓴只王逸注苴蓴蘘荷也仁傑按說文蘘荷一名蒚蒩本草有白蘘荷陶隱居云今人呼赤者爲蘘荷白者爲覆菹同一種爾藥用白者中蠱者服其汁并卧其

蘘卽呼蠱主姓名亦主諸溪毒案本草無諸字沙蝨輩人家種白者亦云辟蛇蜀本圖經云葉似初生甘蕉根似薑牙其葉冬枯嘉祐圖經云今荆襄江湖閒多種之春初生葉其根堪爲葅其性好陰在木下生者尤美潘岳閒居賦云蘘荷依陰時藿向陽是也史游急就篇云蘘荷冬日藏荆楚歲時記亦云仲冬蓊藏蘘荷案本草云以鹽藏蘘以備冬儲干寶搜神記云蔣士先中蠱家人密以蘘荷置席下忽笑曰蠱我者張小也乃收小自此解蠱藥多用之周禮庶氏以嘉草除毒蠱宗懍謂嘉草卽蘘荷是也赤

者堪噉及作梅果用之蘇鶚演義云蘘荷似蔔苴而白蔔苴色紫花生根中花未散時可食久貯則銷爛不爲實矣賈思勰云蘘荷宜在樹陰下二月種之一種永生不須鋤微加糞以土覆其上八月初踏其苗令死不爾根不茂

蔞

吳酸蒿蔞王逸注蔞香草也爾雅購一名蔏蔞郭璞注蔏蔞蔞蒿也生下田初出可啖江東用羹魚詩翹翹錯薪言刈其蔞陸璣疏云其葉似艾白色長數寸好生水

邊及澤中正月根牙生旁莖正白生食之香而脆美其葉又可蒸爲茹也

薠 案楚詞薠衡槁而節離王逸注曰一云蘋衡一曰蘋藥

薠衡槁而節離王逸注薠草秋生今南方湖澤皆有之洪慶善云薠音煩淮南子云路無莎薠注云薠狀似葴上林賦薛莎青薠張揖曰青薠似莎生江湖鴈所食以案上云王逸注白薠兮騁望句下至薠蘅則王又通作蘋也南都賦草則藨苧薠莞李善引郭璞山海注云薠青薠似莎而大又七發掩青蘋游清風蕭引呂氏春秋崑崙之蘋又引張揖子虛賦

注曰青蘋似莎而大仁傑按山海經陰山其草多茆蕃郭璞注蕃音煩青蕃似莎而大蕃即薠也薠蘋字相近易亂故白蘋兮騁望一作薠此薠衡文亦或作蘋按莎草莖葉都似三稜生下田蘋葉似荇菜生水中與莎不類似莎者薠也七發注引用是誤鄭氏周禮巾車注棼蔽云棼讀爲薠薠麻以爲蔽則薠又爲麻類

胡

索胡繩之纚纚王逸注香草言糾索胡繩令澤好以善自約束也仁傑按胡謂葷菜也爾雅蒚山蒜說文蒜葷

菜也一云菜之美者雲夢之葷菜生山中者名蒚本草葫味辛陶隱居云今人謂葫爲大蒜謂蒜爲小蒜以其氣類相似唐本注云此物煮爲羹臛極雋美圖經云今處處有之人家園圃所蒔也每頭六七瓣初種一瓣當年便成獨子葫至明年則復其本矣其花中有實亦葫瓣狀而極小爾雅說文所謂蒜葷菜者乃今人蒜也當乃小蒜也陸法言切韻曰張騫使西域得大蒜誤矣自南有山蒜又有一種似大蒜而多瓣者有葷氣彼人謂之夜子江北則無夏小正云十有二月納卵蒜也者本

如卵者也納者何納之君也蘇鶚演義云卵蒜俗謂之小蒜有十許子共一株二蘀幕裹之名胡蒜尤辛亦呼大蒜賈思勰云蒜宜良軟地九月初種五寸一株二年科皆如拳乾鄂云者二月擬之否則獨科而黃中旬鋤之三遍無草亦鋤三遍蒜古人雜曰用此案賈思勰云云炎蒜刪節齊民要術本文乾鄂云者四字不見元書疑有脫誤俟更攷洪慶善云胡繩謂苹有苹葉可作繩索者按離騷如以蕙爲綢杜衡爲繚皆借香草寓意云爾必曰苹葉可爲繩索則其說拘矣

繩

索胡繩之纚纚王逸云纚香草而不能名其物仁傑按纚者纚毒也爾雅盱一名虺牀郭璞注蛇牀一名馬牀廣雅云一名纚毒一名思益一名棗棘一名牆靡本草一名蛇粟陶隱居云蛇牀子近道田野間甚多花葉正似蘼蕪蜀本圖經云（案宋刻誤作嘉祐圖經今訂正）似小葉芎藭花白子如黍粒黃白色嘉祐圖經云（案此五字宋刻脫落今增）三月生苗高二三尺葉青碎作叢似蒿枝每枝上有花頭百餘結同一窠似馬芹類四五月開花又似散水

芑

傳芭兮代舞王逸注芭香草名也洪慶善曰巴且草一名巴焦仁傑按集韻芭字云芭蕉草名本草有甘草蕉按本草作甘[illegible][illegible]此疑誤陶隱居云本出廣州今東閒並有根葉無異惟子不堪食爾蜀本圖經云俗呼芭蕉多生江南葉長丈許闊一二尺餘莖虛軟嘉祐圖經云今出二廣閩中川蜀者有花閩廣者實極美可噉他處雖多而作花者亦少近歲都下往往種之甚盛皆芭蕉也蕉類亦多甘蕉乃是有子者葉大抵與芭蕉相類但其卷心抽幹作花初生大萼如倒垂菡萏有十數層層皆作瓣漸大則

花出瓣中極繁盛紅者如火炬謂之紅蕉白者如蠟色謂之水蕉其花大類象牙故謂之牙蕉其實亦有青黃之別可暴乾寄遠北土得之以爲珍果閩人灰理其皮令錫滑績以爲布

藑茅

索藑茅以筳篿王逸注藑茅靈草也按爾雅釋草云葍藑茅仁傑按說文藑字解云茅葍也一名舜又舜字解云艸也楚謂之葍秦謂之藑蔓地連華則藑茅又謂之舜矣詩顏如舜華陸璣以爲木槿者按說文舜字之外

別出蕣字解云木槿也古文省故詩即用舜爲蕣木槿之舜與藑茅之舜不同也賈思勰云藚一名蔓根幽兖謂之燕藚正白可蒸以禦飢漢祭甘泉用之其華有兩種一種莖葉細而香一種莖赤氣臭風土記曰藚蔓生被樹而生味甘一名甘獲夏統別傳注云獲藚也郭璞曰藚華有赤者爲藑藑藚一種耳又注藚當云大葉白華根如指正白可啖邢昺釋藑茅云華白者即名藚王彥輔塵史云退之雪詩疑是屑瓊瑰瓊爲赤玉此用之不審又晏元獻有揚州后土廟玉蕊花詩序云此花因

王元之更名玫花按李善文選瓊赤玉也蓋王之誤晏公拒霜花詩用瓊房字紅蓼詩用瓊粒字正用此說仁傑按瓊與璿同有葵管句宜二切詩報之以瓊琚毛公注云瓊玉之美者孔穎達曰瓊是玉之美名非玉名也書在璿璣孔安國注璿美玉說文於璿字亦云美玉也至瓊字乃云赤玉許叔重在毛公孔安國之後不知赤玉之說何所本郭氏爾雅注以瓊爲赤華亦竝緣瓊玉之義耳按葛爲白華其曰瓊者秦楚方言之異非必赤華爲瓊也推此則后土祠花亦固可以名瓊晏公所據

李善文選益本說文之解如此詩言采其葍云惡菜也此云香草者始是賈思勰所分兩種白香而赤臭郭氏言赤白華良是顧不當以赤爲蔓耳

揭車

畦留夷與揭車爾雅藒車芞輿案爾雅作藒車芞輿仁傑按山海經景山北望少澤多草諸藇郭璞注根似羊蹏可食今江南單呼爲諸音儲又劉氏漢書刊誤論上林論諸柘云諸山芋字當作藷集韻藇香草芑藇然則諸爲山芋藇爲揭車本二物也本草拾遺云揭車味辛生彭城高

數尺白花

留夷

畦留夷與揭車王逸注留夷香草也洪慶善曰上林賦雜以留夷張揖曰留夷新夷也顏師古曰留夷香草非新夷新夷乃木耳一云留夷藥名

離騷草木疏卷第二

離騷草木疏卷第三

通直郎行　國子錄河南吳仁傑撰

橘

后皇嘉植橘徠服兮受命不遷生南國兮王逸注言橘生江南徙種北地則化而爲枳屈原自比志節如橘亦不可移洪慶善按異物志云（案宋刻作廣異志今訂正）橘爲木白華赤實皮既馨香又有善味仁傑按山海經荆山多橘櫾櫾與柚同尚書厥包橘柚錫貢孔安國注小曰橘大曰柚本草橘柚條唐本注云柚皮味甘橘皮味辛而苦柚

肉如橘有甘有酸酸者壺甘俗謂橙爲柚非也呂氏春秋果之美者有雲夢之柚郭璞云柚似橙而大於橘橘柚皆爲甘也陳藏器云橘柚類有朱柑乳柑黃柑石柑沙柑朱橘乳橘塌橘山橘黃淡子以乳柑爲上永嘉譜又有沙橘綿橘荔支橘穿橘油橘金橘自然橘凍橘狗橘朱欒香欒包橘蜜覃鄭康成說書厥包橘柚乃三物包音普膠切或云蜜覃是也又黃橘早黃橘綠橘嘉祐圖經云木高一二丈葉與枳無辨刺出於莖間夏初生白花六月七月而成實至冬而黃熟可啖今醫方用黃

橘青橘兩物不言柚豈青橘是柚之類乎然黃橘味辛青橘味苦今之青橘似黃橘而小與舊說大小苦辛不類別是一種耳又有一種枸櫞如小瓜狀皮若橙而光澤可愛肉厚味短而香氣大勝柑橘案宋刻作甘橘今訂正置衣笥中則數日香不歇閩廣江西有之謂之香櫞沈存中云本草注橘皮味苦柚皮味甘此誤也柚皮極苦不可向口皮甘者乃橙耳陳藏器云舊說江南為橘江北為枳今江南俱有枳橘江北有枳無橘此自是種別非關變也仁傑按周官橘踰淮北為枳地氣使然又晏子曰

橘生江北為枳水土異也今江北有枳無橘則其說驗矣陳氏之說恐未之思也張勃吳錄建安郡有橘冬月於木上覆裹之至明年春夏色變青黑味絕美上林賦盧橘夏熟盧黑色也

桂

雜申椒與菌桂兮豈惟紉夫蕙茝王逸注椒桂皆香木蕙茝皆香草以諭賢者洪慶善云言賢無大小皆在所用又云箘字從竹仁傑按本草有箘桂牡桂桂三種箘桂條云生交趾桂林山谷巖崖閒無骨正圓如竹陶隱

居云仙經用箘桂三重者良唐本注云箘者竹名古方用筒桂者是葉中三道文肌理緊薄如竹蜀本圖經云葉似柿葉而尖狹光淨花白蘂黃四月開五月結實木皮青黃薄卷若筒者名筒桂厚硬味薄者名板桂又牡桂條陶隱居云今俗用牡桂狀似桂而扁廣殊薄皮色黃脂肉甚少氣如木蘭味亦類桂不知當是別木爲復猶是桂生有老宿者爾唐本注云古方用木桂或云牡桂卽今木桂及單名桂者是也此桂花子與箘桂同惟葉倍長蜀本圖經云葉狹長於箘桂一二倍嫩枝謂之

桂枝又名肉桂削去上皮曰桂心其厚皮者名木桂又桂條陶隱居云湘州有小桂經云葉似柏葉澤黑皮黄心赤齊武帝時湘州送此木植之芳林苑中今東山有桂皮氣鬱相類而葉乖異亦能凌冬恐或是牡桂時人多呼丹桂正謂皮赤爾唐本注云箘桂表裏無毛而光澤牡桂葉長尺許陶云小桂或言其葉小者別經云似柏葉驗之殊不相類不知此言從何而出掌禹錫云按此有三種箘桂似柿葉牡桂似枇杷葉此云如柏葉者陶仕齊爲諸王侍讀得見此木而言也蘇恭但知有二

種不能細尋事跡而云陶誤陳藏器云箘桂牡桂桂心同是一物皮厚者必嫩薄者必老嫩者辛香兼又筒卷老必味淡自然板薄板薄者即牡桂也筒卷者即箘桂也古方有筒桂字似箘字後人誤書之嘉祐圖經云牡桂去皮名桂心今所謂官桂也箘桂薄如竹大枝小枝皮俱是筒人家園圃亦有種者移植於嶺北則氣味殊少辛辣三月四月生花全類茱萸九月結實今人多以裝綴花果作筵具其葉甚香可用作飲中點又有天竺桂云生西胡國今亦稀有仁傑按爾雅梫一名木桂郭

璞注南方呼桂厚皮者爲木桂桂葉似枇杷而大白華華而不著子叢生巖嶺冬夏常青間無雜木爾雅云梫桂是也按箘桂得名正以其肌理緊薄如竹故以箘簬之箘名之以别木桂厚皮者耳箘桂一名筒桂而木桂一名板桂筒不離竹板不離木大抵以竹言薄木言厚也雖箘筒字近傳寫易誤只用箘字其義亦明陳藏器厚嫩老薄之說正爾相反也小山招隱曰攀援桂枝兮聊淹留白樂天去杭日有别賞桂詩云桂有留人名謂此又至蘇有東城桂詩云子墮本從天竺寺根盤今在

闔閭城自注云舊說杭天竺寺每歲中秋有月桂子墮樂天所云桂意卽今所謂木犀者又謂之巖桂故曾文清詩云團團巖下桂表表木中犀是又桂之別種然前輩多卽以爲桂蘇養直巖桂詩云已喜小山來眼界是也唯簡齋不然賞木犀花有武林曾識最高枝之句又長短句云三閭未識孤妍離騷遺恨千年豈欲三閭於桂之外別稱巖桂如蘭與石蘭之比乎

椒

雜申椒與菌桂又步余馬於蘭皋兮馳椒丘且焉止息

五臣云行息依蘭椒不忘芬香以自潔也仁傑按山海
經琴鼓之山多椒柘郭璞注椒爲木小而叢生下有草木則蘸死爾雅檓大椒郭璞注云今椒木叢生實大者
名爲檓詩唐風云椒聊且陸璣疏云椒似茱萸有針刺（案宋刻譌作鐵刺今訂正）葉堅而滑澤今成皋諸山閒有椒謂之竹
葉椒可著飲食中東海諸島上亦有椒枝葉皆相似子
長而不圓甚香其味似橘皮本草有秦椒蜀椒爾雅蜀
椒一名巴椒一名蓎藙唐本注云秦椒葉及莖子都似
蜀椒但味短實細掌禹錫云蜀椒出武都秦椒出天水

隴西圖經云今南北所生一種椒其實大於蜀椒當以實大者爲秦椒服食藥當用蜀椒蜀椒高四五尺四月結子無花但生於葉閒如小豆顆而圓皮紫赤色北椒江淮及北土皆有之但不及蜀中者皮肉厚氣味濃耳又施州有崖椒閩中江東有欓子滄藏作果品吳越春秋越以甘蜜圓欓案政和本草注云欓與欓同報吳則欓之相贈何矣山海經景山之草亦名秦椒郭注子似椒而細葉是也王逸注申椒云申重也其芬小重之乃香至九章露申辛夷死林薄兮亦以申爲重按申當作神爾雅木自

[illegible]曰柟此與申椒義不同賈思勰云椒於二三月移之先作熟穰泥掘出即泥封根埋之又熟時收取黑子四月初畦種之方三寸一子篩土蓋其上常澆令潤生高數寸連雨時移之性不耐寒若陽中之樹冬須草裹不裹即死其生陰中者少禀寒氣則不用裹一木之性寒暑異質所謂習與性成者離騷於椒不能無譏切亦以此歟

松

飲石泉兮蔭松柏王逸注言己雖在山中猶飲石泉蔭

松柏飲食居處動以香潔自脩飾也五臣云飲清潔之水蔭堅實之木仁傑按山海經錢來之山多松本草松節條陶隱居云比來苦脚弱人釀松節酒皆愈松柏皆有脂潤又凌冬不凋理為佳物但人多輕忽近易之爾唐本注云木皮綠衣名艾蒳蕭炳云有五鬣者一叢五葉如釵名五粒松嘉祐圖經云今松實作果品其花上黃粉名松黃山人及時拂取作湯甚佳但不堪寄遠五粒字當讀為鬣音之誤也言每五鬣為一葉或有兩鬣三鬣者案政和本草三作七松久則實繁中原雖有然不及塞上

者佳雒寔曰正月自朔暨晦可移植松柏雜木高麗圖經云廣揚永三州多大松惟五葉者乃結實羅州道亦有之不若三州之富始生謂之松房狀如木瓜青潤緻密得霜乃坼其實始成而房乃作紫色國俗雖果肴羹胾亦用之不可多食令人嘔不已又取松之柔條細削成縷搥壓成綫織而爲扇上有花紋不減穿藤之巧又有杉扇惟以白杉木劈削如紙貫以采組相比如羽亦可招風

柏

飲石泉兮蔭松柏仁傑按山海經丹熏之山其上多柏爾雅柏一名椈本草柏實條陶隱居云柏葉實亦爲服餌所重唐本注云枝節煑以釀酒主風痺蜀本圖經云此用偏葉者今所在皆有嘉祐圖經云二月開花九月結子其葉名側柏出密州者雖與他柏相類而其葉皆側向而生道家多作柏葉湯古柏葉尤奇今益州諸葛孔明廟中有大柏木相傳是蜀世所植人多採服其味甘香於常柏也

辛夷

辛夷楣兮葯房按本草辛夷一名辛矧一名侯桃一名房木陶隱居云今出丹陽近道形如桃子小時氣辛香即離騷所呼辛夷者陳藏器云此花江南地暖正月開北地寒二月開初發如筆北人呼為木筆花其花最早南人呼為迎春掌禹錫按蜀本圖經云木高數仞葉似柿葉而狹長花色白而帶紫花落而無子夏杪復著花如小筆又有一種三月花開四月花落子赤似相思子花葉與無子者同今苑中有一本高三四丈花葉一如圖經所說身徑二尺許去根三尺已來便有枝柯繁茂

可愛花落復生葉至夏初還生花經秋歷冬葉落花漸大案政和本草云葉花漸大無落字如有毛小桃至來年正月二月始開花是興元府進來經二十餘載方結實以此推之即是年歲淺者無子非有二種也開花早晚亦隨南北節氣寒溫耳王逸此文注云辛夷香草以作戶楣洪慶善云辛夷木大連合抱逸云香草非也又上林賦雜以留夷張揖曰留夷新夷也顏師古曰留夷香草也新夷乃木耳甘泉賦列新雉於林薄服虔曰新雉香草也雉夷聲相近顏師古曰新雉即新夷耳爲木甚大非香草也

其木枝葉皆芳仁傑按韓退之詩辛夷花高最先開辛夷固木名諸家謂之香草蓋亦有說山海經繡山其草多芍藥郭璞注云芍藥一名辛夷此與逸說相符第本草芍藥一名白木一名餘容一名犁食一名解倉一名鋌不著辛夷之名不知郭本於何書又芍藥毛氏以爲香草陸璣疏乃云今芍藥無香氣非是也未審今何草按日華子云芍藥便是芍藥花根今芍藥花亞於牡丹又牡丹亦謂之木芍藥二花不可謂無香氣陸氏之說殊不可曉本草又出新雉木條疑甘泉賦所謂新雉自

是一種非辛夷也

木蘭

朝搴阰之木蘭王逸注木蘭去皮不死以喻讒人困己己受天性不可變易也仁傑按本草木蘭一名林蘭一名杜蘭皮似桂而香生零陵山谷陶隱居云狀如楠皮甚薄而味辛香今益州有之皮厚狀如厚朴而氣味爲勝唐本注云似菌桂葉其葉氣味辛香不及桂也蜀本圖經云木高數仞似菌桂葉有三道縱文皮如板桂有縱橫文嘉祐圖經云此與桂枝全別而韶州所生乃云

與桂同是一種取外皮爲木蘭中肉爲桂心蓋是桂中之一種耳任昉述異記云木蘭川在尋陽江中多木蘭又七里洲中有魯班刻木蘭舟舟至今在洲中今詩家云木蘭舟出於此王彥賓云鈔本作王彥實離騷九歌言蕙蘭石蘭椒蘭幽蘭皆蘭草也惟蘭橑蘭栧爲木蘭謂以此木爲榱及枻也按騷人寓意香草以爲屋室舟楫之飾耳如蓀橈約房荷屋之類皆用此意不可拘酉陽雜俎云木中一歲再發華者唯木蘭爲然今按木蘭四時著花又有四月著花者謂之夏木蘭雜俎恐誤

莽草

夕攬洲之宿莽仁傑按山海經朝歌之山有莽草焉可以毒魚郭璞云今用之殺魚又葌山有木焉其狀如棠而赤葉名曰芒草可以毒魚爾雅葞春草郭璞注引本草云一名芒草按本草莽草一名葞一名春草陶隱居云今東間處處皆有葉青辛烈者良人用擣以和米內水中魚吞即浮出人取食之無妨莽字一作菵字今俗呼菵草也掌禹錫云今呼菵草郭云芒草所見本異也圖經云木若石南（宋刻作楠今從圖經）而葉稀無花實一說滕生

繞木石閒古方皆用莽草案政和本草云古方治風毒痺厥諸疰皆用莽草今醫家取其葉用之甚效案政和本草云取其葉用治牙齒風蟲甚效此木也而爾雅釋草云葞春草釋曰藥莽草也郭璞云一名芒草芒莽音近故爾然謂之草者乃蔓生者是也按郭以莽爲芒者正以山海經有莽草芒草皆可毒魚故通之耳此正木類陶隱居所云用以取魚與山海經合三閭所稱草木多出於山海經此爲莽草無疑王逸不見山海經以意言之云草冬生不死者楚人名曰宿莽非也然逸初不指名爲卷施草其後郭璞注爾雅卷施草拔

心不死乃引離騷云宿莽也是說蓋祖於逸所謂冬生不死者其實逸說亦自無所本

楸

望長楸而太息王逸注長楸大梓言已顧望楚都大梓木而悲歎仁傑按山海經虖勺之山其上多梓又堇理之山多美梓郭璞注云山楸也又陽華之山多苦莘其狀如櫹郭注櫹卽楸字也爾雅小葉曰榎大而皵楸郭注楸細葉者爲榎樊光云木老而皮麤皵者爲楸木小而皮麤皵者爲榎又椅梓注云卽楸也又椈鼠梓注云

楸屬也陸璣云其枝葉木理如楸山楸之異者今謂之苦楸本草梓白皮條蕭炳云木似桐而葉小花紫日華子云梓皮有數種惟楸梓佳圖經云鼠李一名鼠梓然鼠李花實都不相類恐別一物而名同也梓之入藥當用有子者楸梓官寺及人家園亭多植之賈思勰云楸梓二木相類白色有角生子者爲梓或名子楸或名角楸黃色無子者爲柳楸亦呼荆黃楸也楸既無子可於大樹四面掘坑取栽移之兩步一根兩畝一行也韻語陽秋云楸色香韻勝見於杜子美梅聖俞詩杜把楸花

媚遠天言其色也楸木馨香倚釣磯言其香也圖出帝
宫木聳向白玉墀爲豔不近俗直許天人窺言其韻也
又採其葉傅瘡立愈云

黄棘

借光景以往來兮施黄棘之枉策王逸注黄棘棘刺也
言願借神光電景飛注往來施棘之刺以爲馬策言其
利用急疾也洪慶善曰言已之所以假延日月往來天
地之間無以自處者以其君施黄棘之枉策故也初懷
王二十五年與秦盟於黄棘其後爲秦所欺卒客死於

秦今頃襄任用姦回將至亡國是復施黃棘之枉策也黃棘地名仁傑按借光景以往來猶離騷經聊假日以媮樂逸注云神光電景非是又以黃棘爲棘刺而不知所據今按山海經苦山有木焉名曰黃棘案宋刻脫此黃棘四字今訂補黃華而員葉其實如蘭離騷草木多用山海經九章蓋取諸此地名之說誤也本草木部有赤棘白棘唐本注引切韻曰棘小棗也花葉莖實俱類棗嘉祐圖經云枸杞一名仙人杖而枸杞有針者一名枸棘今此所云黃棘以華黃得名又其實如蘭則用爲馬策者特取其香

耳不以刺爲嫌也唯椒亦然

離騷草木疏卷第三

離騷草木疏卷第四　蕕草附錄

薋

薋菉葹以盈室兮王逸注三者皆惡草以喻讒佞盈滿於側薋蒺藜也詩楚楚者薋洪慶善曰今詩薋作茨爾雅亦作茨布地蔓生細葉子有三角薋音瓷仁傑按陸法言字書云薋蒺藜詩作茨說文又作薺本草蒺藜條云一名旁通一名屈人一名止行一名休羽一名升推一名即梨一名茨陶隱居云多生道上子有刺狀如蔆而小長安最饒人行多著木屐軍家鑄鐵作之以布敵

路易云據于蒺藜言其凶傷詩云牆有茨不可掃也以刺梗穢集韻䕡津私切引博雅云芷苀䕡一曰菜生水中按顧野王云䕡菜生水中字從艸從貴陸法言亦作䕡與集韻不同博雅謂芷為白芷按本草芷無芷名其葉名蒿豈誤以蒿為芷邪案博雅云白芷其葉謂之葯又云白芷苀䕡也雖同在釋草門前後文相隔甚遠絕不相蒙今乃云博雅謂芷為白芷未知果據何本更俟詳攷

菉

菉王逸注菉王芻也爾雅菉一名王芻郭璞云菉蓐也今呼鴟腳莎詩瞻彼淇奧綠竹猗猗是也仁傑按本草

以此爲蓋草云葉似竹而細薄莖亦圓小俗名菉蓐草

葹

葹王逸注枲耳也按爾雅卷耳一名苓耳亦云胡枲江東呼爲常枲形似鼠耳叢生如盤陸璣詩疏云葉青白色似胡荽白華細莖蔓生四月中生子如婦人耳璫幽州人謂之爵耳本草枲耳一名葹一名地葵一名蒼耳一名常思菜陶隱居云一名羊負來昔中國無此從外國逐羊毛中來圖經云其實多刺俗呼道人頭仁傑按沈約郊居賦云陸卉則紫鼈綠葹是也永嘉志一名菉

絲案宋刻誤叢絲今改正

艾

戸服艾以盈要兮謂幽蘭其不可佩王逸注艾白蒿也言楚國戸服白蒿以爲芬芳反謂幽蘭臭惡爲不可佩以言君愛眤讒佞憎遠忠直而不肎近也仁傑按王度記大夫鬯酒以蘭芝庶人以艾則蘭艾之分尙矣爾雅艾一名冰臺郭璞注即今艾蒿也逸以艾爲白蒿按艾蒿與白蒿不同白蒿詩所謂蘩也詩有采蘩有采艾本草有白蒿條又別出艾葉條嘉祐圖經云艾初春布地

生苗莖類蒿而葉背白又云白蒿葉上有白毛從初生至枯白於衆蒿頗似細艾按艾與白蒿相似耳便以艾爲白蒿則誤矣

茅

蘭芷變而不芳兮荃蕙化而爲茅五臣云茅惡草以喻讒臣仁傑按說文茅菅也爾雅遬一名牡茅郭璞云白茅屬邢昺云茅之不實者也本草茅根條云一名蘭根一名茹根一名地菅一名地筋一名兼杜陶隱居云此即今白茅詩云露彼菅茅其根如渣芹甜美嘉祐圖經

云春生牙布地如針俗閒謂之茅針亦可噉夏生白花茸茸然至秋而枯其根至潔白又有菅亦茅類也陸璣草木疏云菅似茅而滑澤無毛根下五寸中有白粉者柔韌宜爲索漚之尤善其未漚者名野菅詩白茅菅兮是也

蕭

何昔日之芳草兮今直爲此蕭艾也洪慶善引顏師古云齊書太祖曰詩人采蕭蕭卽艾也蕭自是香蒿古祭祀所用艾卽今之灸病者名既不同本非一物詩云彼

采蕭兮彼采艾兮是也淮南曰膏夏紫芝之與蕭艾俱死蕭艾賤草以喻不肖仁傑按祭用鬯酒諸侯以薰大夫以蘭芝士以蕭庶人以艾謂蕭艾爲賤草固有自來詩正義引爾雅蕭荻李巡曰荻一名蕭陸璣云今人謂之荻蒿或謂之牛尾蒿似白蒿白葉莖麤科生多者數十莖可作燭有香氣故祭祀以脂爇之許叔重以爲艾蒿非也郊特牲云既奠然後爇蕭王氏云取蕭祭脂是也

葛

石磊磊兮葛蔓蔓王逸注言己欲服芝之草求之不得但

見葛草蔓蔓五臣云亦猶賢哲難逢詔訣者衆也仁傑按本草（案宋刻誤爾雅今訂正）葛一名雞齊根（案根字據本草增）名鹿藿一名黃斤唐本注云葛根入土五六寸已上者名葛脰微有毒嘉祐圖經云春生苗引藤蔓長一二丈紫色葉頗似楸葉而青七月著花似豌豆花不結實根形如臂紫黑色下品有葛粉條即此也又有野葛蔓生出桂州以南葉似柿葉人食之即死嶺表錄異云野葛毒草也俗呼胡曼草通名鉤吻

蕭

解萹薄與雜菜兮洪慶善引爾雅曰竹萹蓄注云似小藜赤莖節好生道傍嘉祐圖經云（案宋刻誤本草今訂正）亦呼爲萹竹萹薄謂萹蓄之成叢者按萹蓄雜菜皆非芳草此言解去萹菜而備芳茝宿莽以爲交佩也仁傑按郭璞注爾雅菉王芻及竹萹蓄皆引詩綠竹猗猗爲證毛公以綠爲王芻竹爲萹竹也陸璣草木疏云綠竹一草名其莖葉似竹青綠色高數尺今淇奧傍生此人謂爲綠竹孔穎達云此說非也詩有終朝采綠則綠與竹別草故傳依爾雅以王芻與萹竹異也按終朝采綠之綠

固可指爲王芻集韻菉或作藤云王芻也詩用綠字古文從省耳至竹字則有兩音萹竹之竹從㔛六切冬生草之竹從張六切字同音異不可紊也淮南云淇衞箘簵漢書下淇園之竹故蘇黃門解綠竹詩云今淇上多竹王荆公詩義亦云虛而節直而和皆不用毛氏故訓惟離騷菉與萹則正爾用王芻萹竹二物也本草萹蓄條陶隱居云布地生花節間白葉細綠蜀本圖經云葉如竹莖細如釵股嘉祐圖經云苗似瞿麥葉（案苗宋刻誤葉今訂正）根如萹根

薺

故荼薺不同畝兮王逸注言忠佞不同朝也洪慶善云言荼苦薺甘故不同畝而生也爾雅蒫薺實也又菥蓂大薺犍爲舍人云薺有小故言大本草薺條云味甘陶隱居云薺類甚多此是今人可食者葉作菹羹亦佳陳士良云實亦呼菥蓂子又菥蓂條云味辛唐本注引爾雅云是大薺然驗其味甘而不辛也蜀本云似薺葉而葉細俗呼爲老薺陳藏器云大薺卽葶藶非菥蓂也仁傑按爾雅蕇亭歷郭璞注實葉皆似芥廣雅云一名狗

薺嘉祐圖經云葶藶初春生苗葉高六七寸有似薺根白枝莖青三月開花微黃結角子扁小如黍粒微長黃色此草至夏則枯按月令孟夏之月靡草死鄭康成注云舊說靡草薺葶藶之屬淮南書云薺冬生夏死董仲舒雨雹對云建巳之月爲純陽不容都無復陰也但陽氣之極耳薺麥枯由陰殺也建亥之月爲純陰不容都無復陽也但陰氣之極耳薺麥始生由陽升也此說恐未然月令仲冬芸始生荔挺出皇氏云以其俱香草故應陽氣而出是月陽氣始萌故也若孟冬之月六陰用

事薺特乘陰氣之盛而生耳非由陽升也至孟夏六陽用事而薺枯焉是又陰極而然亦非陰殺之故若薺生於仲冬而枯於仲夏乃當如前說耳

樧

樧又欲充夫佩幃王逸注樧茱萸也似椒而非椒喻似賢而非賢也幃盛香之囊以喻親近洪慶善曰爾雅椒樧醜莍注云樧似茱萸而小赤色仁傑按本草吳茱萸一名藙陶隱居云禮記名藙而俗中呼爲藙子當是不識藙字似蔱字耳唐本注云爾雅椒屬亦有樧名陶說

也圖經云茱萸結實似椒子嫩時微黃至成熟則深紫
爾雅釋草云莁荑一名蔱蘠本草作殿蘠蘇恭云字之
誤也又釋木云無姑其實夷郭璞注無姑姑榆也取皮
漬之所謂蕪荑也圖經云蕪荑大氣臭按蕪荑雖氣臭
有蔱名殊非椒類本草有蔓椒條一名豕椒一名豬椒
一名彘椒一名狗椒陶隱居云山野處處有俗呼為樛
樧宋刻樛誤作椒今依本草訂正似椒欓小不香爾一名豨椒按茱萸
一名樧子蕪荑一名蔱蘠蔓椒一名豨樧案證類本草陶隱居云一名豨椒不云豨樧
三者皆有樧名集韻樧草名或從草說文云

似茱萸許叔重在王逸前故郭璞用許說爲正顔師古急就章注亦云茱萸似㰝而大然則㰝但似茱萸耳與茱萸非一物也蔓椒旣有豬狗賤名又小不香爲此物無疑今吳中謂之臭椒又謂之野椒是也博雅云椒㰝欓越椒茱萸也合四物爲茱萸此說尤非

篁

余處幽篁兮終不見天路險難兮獨後來五臣云篁竹叢言己不得見君讒邪蔽塞也洪慶善引漢書篁竹之中注云竹叢也竹田曰篁西都賦云篠簜敷衍編町成

篁注篁竹墟名仁傑按爾雅竹有簜有莽有桃枝有粼有篃有篠有箭戴凱之竹譜有篁有䈞有簹簩有籦籠有篔簹有篃有雞脛廣志有櫳竹䈥竹蔓竹雲母竹漢竹利竹永嘉譜有慈竹石竹綿竿竹茅竹簥簩竹　竹亶竹木亶竹　竹粘翠竹苦油竹蘆栖竹大箴竹一曰　竹公孫竹方竹紫竹江南竹班竹湘江竹本草有簟竹淡竹苦竹甘竹而篁竹在衆竹中最其下者故見斥於離騷比之讒邪正以其叢薄幽昧蔽寒而已唐劉寬夫有剿竹記其略曰有竹叢生日光不透陰氣常凝

一庭常昬四時失序病其藏翳因命斤斧有質微而渠
卉薈者去之聚而曲者去之其獨立自持者保之去者
存者邪正乃分其說蓋祖離騷之遺意云

離騷草木疏卷第四

右離騷草木疏四卷仁傑少喜讀離騷文今老矣猶時
時手之不但覽其昌辭正以其竭忠盡節凜然有國士
之風每正冠斂衽如見其人凡芳草嘉木一經品題者
謂皆可敬也因按爾雅神農書所載根莖華葉之相亂
名實之異同悉本本元元分別部居次之于槧會粹成
書區以別矣夫樧似椒藹茭似蘩與夫紫菊之似蘭及
己之似杜蘅猶夫佞之於忠鄉原之於德也得是書形
見色屈或庶幾焉舉無以亂其眞昔劉杳爲草木疏二
卷見於本傳其書今亡矣杳疏凡王逸所集者皆在焉

而仁傑獨取諸二十五篇之文故命曰離騷草木疏夫子不云乎詩可以興可以觀可以羣可以怨邇之事父遠之事君多識於鳥獸草木之名班固譏三閭怨恨懷王是未知離騷之近於詩而詩之可以怨也劉勰亦譏三閭鴆鳥媒娀女爲迂怪詭異之說又王逸注鴆媒謂鴆食虵羽有毒可以殺人者按鴆有二焉瑤碧之山有鳥如雉其名曰鴆郭璞謂此更一種非食虵者也離騷之文多怪怪奇奇亦非鑿空置辭實本之山經其言鸞鸞皇鴆鳥與詩麟騶虞鳳皇何異勰何足以知之離騷

以薌草爲忠正蕕草爲小人蓀芙蓉以下凡四十又四種猶青史氏忠義獨行之有全傳也薋菉葹之類十一種傅著卷末猶佞幸姦臣傳也彼既不能流芳後世姑使之遺臭萬載云慶元歲丁巳四月三日通直郎行國子錄河南吳仁傑書

國錄吳先生以淹該之學從政之暇訓釋諸書警引後進不爲不多比以離騷草木疏見屬刊于羅田縣庠吁遠矣哉慶元庚申中秋日河南方燦敬識

州學生　張　師尹校對

羅田縣縣學長　杜　醇同校正

免解進士蘄州州學正充羅田縣縣學講書吳世傑校正

乾隆庚子季秋歙西長塘鮑氏知不足齋校正重雕

刻斗南先生兩漢刊誤補遺既竣姚江邵太史晉涵以宋彫離騷草木疏相示復爲校而刊之攷先生是書成于慶元丁巳維時寧皇初政韓侂胄方專擁戴功與趙汝愚相軋既而斥汝愚罷朱子嚴僞學之禁從而得罪者五十九人先生官止國錄未敢諍言迺祖述離騷譬諸草木按神農本草諸書爲之別流品辨異同薰蕕既判忠佞斯呈用補劉杳舊疏之亾因以暢其流芳遺臭之旨庶幾言者無罪聞者足戒觀其自序厥意微矣至前三卷首列名銜而末卷自贊

葈葹以下鈌而不署又隱然寓不屑與小人爲伍之意其疾惡之嚴如此末疏幽篁而終之以刪竹記云有竹叢生日光不透陰氣常凝四時失序病其蔽翳因命斤斧云云迨開禧丁卯平原卒罹玉津園之禍于是蘇師旦程松陳自强之流或誅或竄舉其黨而一空之芟薙去而邪正分其刪竹之謂歟當汝愚之責永州而卒于衡也朱子亦爲之注離騷以寄意焉其成書後于先生二年而其感時傷逝纏綿惻怛不能自已之情亦時時流露于行墨閒是書也可謂先

得朱子之心矣

乾隆庚子九月上浣長塘鮑廷博識于知不足齋

ISBN 978-7-5010-6358-1

9 787501 063581 >

定價：70.00圓